AF247823

ORAISON FUNEBRE

DE TRES-HAUTE, TRES-PUISSANTE,

ET TRES-EXCELLENTE PRINCESSE

ELISABETH-THERESE

DE LORRAINE,

REINE DE SARDAIGNE,

DE CHYPRE,

ET DE JERUSALEM.

Prononcée dans l'Eglise de Paris, le vingt-deux Septembre 1741.

Par l'Abbé SEGUY, de l'Académie Françoise.

'A PARIS, chez PRAULT pere, Quai de Gêvres, au Paradis.

M. DCC. XLI.

AVEC APPROBATION ET PRIVILEGE DU ROY.

ORAISON FUNEBRE

D'ELISABETH-THERESE
DE LORRAINE,
REINE DE SARDAIGNE.

Præcisa est velut à texente, vita mea, dum adhuc ordirer succidit me:

Le fil de ma vie a été tranché comme l'Ouvrier tranche le fil de sa toile. Je ne faisois que commencer encore, & le Seigneur a coupé la trame de mes jours. Dans Isaïe, c. 38.

CES paroles pleines de tristesse & de douleur on reconnoît l'abattement de ce Roy de Juda (1.) si saisi, si consterné, lorsqu'environné des ombres de la mort (2) cherchant en vain le reste de ses années, les yeux affoiblis à force de les lever vers le Ciel, (3) il reportoit ses regards sur la Terre, trop brillante pour lui, mais trop fugitive figure; lorsqu'à la

(1). Ezechias.

(2) Job. 3. 5.

(3) Isaïæ 38. Ibidem.

A

vûe de fon Trône prêt à fe changer en cercueil, & de fon Sceptre qui échappoit de fes mains tremblantes, il laiſſoit voir l'excès de fa défolation à fa Cour; & que tout baigné de larmes, il en arrachoit aux fiens, par l'at-tendriſſant regret de voir ſi-tôt finir le tiſſu d'une vie auſſi précieufe. *Præcifa eft velut à texente vitâ meâ, dum adhuc ordirer fuccidit me.*

Quand je mets aujourd'huy ces mêmes paroles fur les lévres mourantes d'une Reine plus foumife, plus coura-géufe que lui, ce ne font donc pas, MESSIEURS, les fentimens de cette Augufte Princeſſe que je vous rappelle; c'eft fa mort prématurée que je viens pleurer avec vous. Chérie de fon Peuple, adorée de fa Cour, heureufe Mere, plus heureufe Epoufe encore, à la fleur de ce que le monde appelle le bel âge, elle fembloit devoir joüir long-temps d'un fort ſi doux. Mais les Decrets d'en haut en or-donnoient autrement; & la trame de fes jours ourdie de tant de bonheur, de tant d'avantages, devoit être coupée prefque dès le commencement de fes deftinées les plus brillantes. *Dum adhuc ordirer fuccidit me.*

Ainfi difparoiſſent tôt ou tard ces Têtes illuftres, ces Divinités de la Terre, véritables Divinités ſi elles n'é-toient pas mortelles; ainfi fe fait fentir le Régne éternel du fouverain Etre qui met en poudre les Rois; ainfi les Peuples font avertis qu'il eft *le feul Seigneur, le feul Très-Haut;* qu'à lui feul *Roy des Siécles, immortel, appartient pro-prement l'honneur & la gloire;* & que toute Majefté humai-

Pfal. 82. 19.
I. Tim. I. 17.

ne est appellée, comme eux, à son Tribunal pour y rendre compte de sa conduite.

L'auguste Princesse, dont les honneurs funebres nous rassemblent, y a comparu; & heureusement elle y a porté de quoi obtenir un Jugement favorable. Je n'aurai à décrire, en la louant, ni événemens frappans, ni actions imposantes pour l'imagination, ni rien qui se ressente de l'éclat imposteur, ou des vices brillans, que le monde aveugle & corrompu respecte. Mais le sujet n'en sera que plus chrétien & plus convenable à mon ministere. Peu de faits, beaucoup de vertus, & peut-être d'autant plus de vertus, que j'ai moins de faits à vous dire. Si les actions ne vous éblouissent pas, elles vous édifieront davantage. Je pourrai faire entendre *la Sagesse invitant* du haut du Trône & des Grandeurs *les Enfans des Hommes à écouter ses Leçons;* & l'on verra ici, ce qu'il est si rare de voir dans les discours de cette nature, le Ministre de la Parole uniquement occupé à tracer des devoirs remplis, sans avoir à excuser des foiblesses.

Eh! comment serois-je obligé d'en excuser, en parlant d'une Princesse dont le cœur absolument né vertueux, fut d'ailleurs toûjours pénétré des saintes Maximes de l'Evangile? Ses heureux penchans, ses principes sublimes concouroient aux grands exemples que je m'apprête à vous raconter.

La Nature lui avoit donné toutes les qualités qui peuvent aider à éviter les écueils de la Grandeur.

A ij

La Religion perfectionna & confacra en elle toutes les qualités que lui avoit données la Nature.

Voilà les deux idées dont je me fuis fenti frappé, & tout le fond de l'Eloge funebre que je dois à la mémoire de TRE'S-HAUTE, TRE'S-PUISSANTE, TRE'S-EXCELLENTE, ET TRE'S-RELIGIEUSE PRINCESSE ELISABETH-THERESE DE LORRAINE, REINE DE SARDAIGNE, DE CHYPRE, ET DE JERUSALEM,

PREMIERE PARTIE.

HEUREUX les Princes faits pour la Vertu, dans ce rang plus dangereux encore qu'il n'eft élevé, qui met le cœur fi fort en prife aux attaques des paffions folles & criminelles. Vous tracerai-je ici la peinture tant retracée des dangers de leur condition? Qui de vous, MESSIEURS, les ignore; & quelle fuite d'écueils n'offre point rapidement à l'efprit ce mot fi flatteur pour l'oreille de l'ardente Jeuneffe? La Cour! Auffi le Sage, placé parmi les féductions de la Grandeur, rendoit-il graces à Dieu, d'être né avec d'heureufes inclinations pour y réfifter, & d'avoir reçû une ame portée à la Vertu; car c'eft ce qu'il *Sapient. 8.19.* entend par une ame bonne. *Sortitus fum animam bonam.* ELISABETH DE LORRAINE eut le même bonheur. Elle avoit reçû de la Nature un caractere de Sageffe, oppofé aux profanes Maximes des Cours, & à la contagion de l'air que l'Innocence y refpire; un caractere de Verité, oppofé à l'Efprit d'artifice & de diffimulation, qu'il eft fi

rare de n'y pas prendre ; un caractere de Bonté, oppofé
à la dureté de cœur, qu'un plus grand amour de foi-même
y produit prefque toujours ; un caractere de noble Simplicité, oppofé à l'orgueil faftueux que la fupériorité du
Rang, & les hommages dont elle eft honorée, y infpi-
rent; un caractere d'Egalité, oppofé aux caprices aufquels
l'humeur des Princes, toujours fûre du refpect, y eft expo-
fée. Quand j'oublîrois de juftifier la verité de tous les
traits de ce portrait, vous lui rendriez à l'envi témoi-
gnage, Sujets de fa Maifon Augufte ou de fon Augufte
Epoux, qui, répandus ici parmi nous, l'honorez bien
mieux par vos larmes.

Quelque grande que foit devenue la corruption des
mœurs, & quels que foient les défordres de nos jours,
je ne ferai point un mérite à ELISABETH DE LORRAINE
de n'avoir point éprouvé l'empire des paffions baffes &
honteufes. Iffue d'une de ces Familles Auguftes que les
Nations ne nomment qu'avec refpect, d'une Maifon Sou-
veraine accoutumée depuis tant de fiécles aux Alliances
des plus grands Potentats de l'Europe, & qui, pour parler de ce qui a rapport à nous, a donné à un de nos Monarques, au dernier des Valois, une Epoufe, dont le nom
fera à jamais en honneur dans nos Faftes : Fille d'un Pere
plus grand que fa fortune, quoique Souverain ; formée
fous les yeux & par les foins d'une Mere auffi refpectable
que fa Naiffance; n'avoir pas dégéneré des fentimens nobles & purs du Sang qui l'animoit, eft moins un Eloge

pour Elle, qu’une ſimple exemption de reproche.

Mais je ne croirai pas lui donner une louange indigne d’Elle, en la louant de ſa conduite pleine de réſerve & de circonſpection à la Cour. La Cour la plus ſage n’eſt ſouvent qu’un écueil moins effrayant : des douceurs recherchées d’une vie délicate, y naiſſent toujours les vains amuſemens, l’amour du plaiſir : toujours y régnent des maximes peu féveres : toujours le déſir de plaire, plus ardent, plus à craindre, y vit, y domine dans les cœurs ; & toujours la Sageſſe, pour y être auſſi exacte qu’ailleurs, y doit être plus parfaite.

Telle fut celle d’ELISABETH DE LORRAINE ; & pour l’inſtruction des mœurs autant que pour l’interêt de ſa gloire, je crois devoir vous dire, puiſque la verité m’en avoue, que née pour la délicate pudeur, elle eut dès ſes premieres années un goût naturel de décence, mais remarquable juſqu’à tirer un jour de la bouche de ſon Auguſte Pere ces paroles, *cette Enfant n’a pas beſoin de nos Leçons ;* que depuis, conſtamment ennemie de toute diſſipation, de toute légereté, de toute imprudence, elle ne le fut pas moins de cette fleur empruntée de beauté, & de ces parures peu ſéantes, qu’eût improuvées la gravité des mœurs anciennes; que ſes paroles, ſon maintien, ſon air, comme ſes actions, tout reſpiroit en elle la Modeſtie & la Vertu ; & que par une ſemblable conduite, à couvert des plus légers ſoupçons, on ne penſa pas même qu’elle y pût jamais être expoſée.

Ainfi le goût de la Sageſſe, quand il eſt vif, s'étend, &
cela ſans contrainte, ſans effort, ſur les moindres appa-
rences. Ames moins heureuſement nées, à qui la Vertu
eſt ſi pénible, n'en murmurez point. *Le Vaſe de terre dit-il* Rom. 19. 20.
à l'Ouvrier, pourquoi m'avez-vous fait ainſi ? Après tout, la
Religion ne vous offre-t-elle pas ſes ſecours, & n'eſt-ce
pas *dans l'infirmité humaine que paroît davantage la force Divi-* 2. Cor. 12. 9.
ne ? Vous l'y faites en effet ſouvent paroître, ô mon Dieu !
& vous laiſſez des penchans malheureux à vos Elûs, pour
l'honneur de votre aſſiſtance victorieuſe qui les ſoutient ;
mais ſouvent auſſi vous aimez à préparer un riche fond
aux impreſſions ſécretes *de votre ſoufle.* Ce ſont toujours Exod. 15. 10.
vos dons, quoique d'un ordre inférieur, que je célébre
maintenant dans une Princeſſe ; & je vous y reconnois
comme auteur de la Nature, impatient de vous contem-
pler bien-tôt comme auteur de la Grace.

Ce cœur ſi porté à la Vertu, avoit de plus, MESSIEURS, un
goût bien favorable à la Sageſſe ; celui de l'occupation :
Tantôt je la vois vaquer à une ſorte de travail convenable ;
elle manie la laine & le lin, & ſes mains induſtrieuſes en font Prov. 31. 13.
un heureux mélange : Tantôt c'eſt la lecture qui remplit les
heures de ſon loiſir ; Et il eſt inutile de vous dire que ce
n'eſt pas celle de ces récits, ſoit feints, ſoit véritables,
mais toujours dangereux, des yvreſſes du fol amour, non
plus que celle de ces autres Ecrits accrédités de nos jours,
à la honte de la raiſon, & dignes d'amuſer la ſeule En-
fance. Du même principe vient ſon dégoût pour ces con-

verſations frivoles & puériles, reſſource d'eſprits vuides de tout, hors des miſéres d'une éternelle bagatelle.

Renonce-t-elle donc à tout innocent amuſement? Non, mais elle veut que la Raiſon en détermine le tems, en aſſaiſonne le plaiſir, & en régle la durée ; & cet amuſement innocent, elle le cherche dans le commerce des perſonnes capables de le lui procurer, ſur-tout de celles en qui elle trouve joint aux mœurs un caractére décidé de vérité & de candeur.

Auſſi étoit-ce le ſien : Et qu'il eſt rare, Messieurs, qu'il eſt rare, tout eſtimé qu'il eſt, ce caractére ! Exact à l'exiger dans les autres, parce qu'on y a intérêt, on s'en dépouilleroit de peur que les autres n'en tiraſſent avantage. Ce Sexe même ſi redoutable par ſes charmes dangereux, l'eſt encore plus par ſes déguiſemens & ſes feintes; & de l'impuiſſance où il a été réduit d'employer la force qui ſubjugue, il s'eſt, ce ſemble, crû faire un droit de recourir à l'artifice qui ſurprend. Mais, où triomphes-tu, perfide Duplicité des deux Sexes, autant qu'à la Cour ? & quelle y eſt la contagion, ſi elle gagne ſouvent juſqu'aux Princes même ?

Incapable de cet eſprit de fauſſeté, ſi décrié par-tout, & ſi fort par-tout mis en uſage, Elisabeth n'auroit pû s'y abaiſſer, quand il lui auroit paru moins oppoſé en ſoi aux principes. Vous rappellerai-je ce qu'elle avoit accoutumé de dire, cédant à la force du ſentiment, qu'*elle ne concevoit pas comment on ſe dégradoit juſqu'à tomber ainſi en contradiction*:

contradiction de langage & de penfées. Bien plus, MESSIEURS, fa candeur naturelle ne lui permettoit pas de cacher les fiennes, dès qu'elles ne pouvoient bleffer perfonne. Ce n'étoit pas une de ces Ames envelopées, toujours en garde pour échaper aux regards, une de ces Ames qu'on cherche à deviner, permettez-moi l'expreffion, plus qu'on ne fe flatte de les connoître : La fienne fe montroit; & il falloit bien reconnoître ce qu'elle étoit : c'eft le privilége de la Vérité & de la Nature enfemble d'être fenties ; &, comme les cœurs, n'étant pas nés faux, l'étant feulement devenus, ont néceffairement de l'attrait pour ceux en qui l'efprit du Siécle n'a point altéré la Sincérité primitive, on étoit touché de l'entretien de la Princeffe, difons plûtôt de celui d'ELISABETH; car la Princeffe feule n'eût pas fait naître ce fentiment : Sentiment auffi utile qu'il étoit doux : Par le charme puiffant de la candeur qu'on remarquoit dans fes difcours, on en prenoit infenfiblement l'efprit auprès d'elle. La Vérité parloit avec elle à la Vérité; & l'on trouvoit une fatisfaction toujours nouvelle dans l'honneur de fon commerce.

Ce qui en augmentoit la douceur, MESSIEURS, c'eft que chez elle la Sincérité ne fe reffentoit point de cette dureté de caractére qui fouvent l'accompagne. Et n'en foyez point furpris, la Bonté lui étoit auffi naturelle que la Vérité. Hélas ! l'eft-elle toujours aux Grands cette Bonté fi aimable ? Chargés de repréfenter le Souverain Maître, qui prend avec tant de complaifance le titre de

Dieu bon, tout les porte à ne repréſenter que le Dieu puiſſant ou le Dieu terrible, parce que tout les porte à regarder les autres comme uniquement faits pour eux. Pour avoir en partage la Bonté, il leur en faut donc un plus riche fonds qu'au reſte des hommes; & s'ils ne ſont nés eſſentiellemeut bons, ils le feront trop peu ou point du tout, puiſqu'ils ſont nés Grands.

Mais de qui parlai-je ici, MESSIEURS, comme d'un cœur débonnaire dans la Grandeur? Ah! Si ma voix pouvoit ſe faire entendre aux perſonnes qui ont eu l'honneur de vivre auprès de la Princeſſe, quel touchant ſouvenir leur rappelleroit cet endroit de mon Diſcours! Eh, qui connut mieux qu'elles toute la bonté d'ELISABETH DE LORRAINE? Toutes lui furent cheres. Pas une qui n'en ait eu des preuves non équivoques. Pas une à qui la Princeſſe crût pouvoir refuſer ſon affection : car les bons cœurs trouvent toujours dequoi devoir aimer dans autrui; & diſons-le en paſſant, pour l'honneur même de la douce & conſolante Amitié, Ce que des perſonnes dont toute l'inclination ſe renferme dans une ou deux autres, appellent de ce beau nom, n'eſt ſouvent que le choix de leur caractére difficile, qui, après avoir parcouru d'un œil chagrin la Société, n'y a ſû trouver d'aimable que ce peu qui penſe auſſi ſinguliérement qu'elles.

La Princeſſe, par la même Bonté qui lui fait aimer, quoique peut-être en différens degrés, toutes celles qui l'approchent, ſe défend avec ſoin de laiſſer échapper en faveur des unes des préférences mortifiantes pour les autres. Elle favorise chacune, elle partage ses joyes, elle est sensible à ses peines ; elle leur fait exalter à toutes son bon cœur dont elle seule ne parle pas : Et quand la Providence l'aura appellée sur le Trône de Sardaigne, sa nouvelle Grandeur ne les lui fera point perdre de vûe : Elle voudra savoir leur situation, leur état ; & toutes ses lettres à son Auguste Mere seront pleines, à leur sujet, des questions de l'Amitié, toujours jalouse d'être instruite lorsqu'elle est sincere.

Avec ce fonds de Bonté, jugez, MESSIEURS, quel devoit être son éloignement pour cet esprit malin de raillerie, si dangereux sur-tout dans les Princes, qui se joue aux dépens d'autrui ; & plus encore pour cet esprit de médisance qui attaque lâchement les absents. Ils lui sont chers ; & elle s'armeroit d'indignation contre qui oseroit les déchirer en sa présence. Jugez du caractere de sa politesse ; c'étoit le seul véritable, c'étoit Bonté assaisonnée, mais réelle ; car le fond de la vraie Politesse est dans celui d'une ame bonne, attentive à agir obligeamment : Et tout caractere de méchant ne fera jamais qu'une vaine apparence d'homme poli, & qu'un fléau déguisé de la société civile.

Mais considérons ELISABETH, par rapport au Peuple, pleine d'affection, d'humanité à son égard. C'est peu dire. Imagineroit-on qu'une jeune Princesse de quinze ans s'occupât du soin d'écouter les plaintes de la Veuve &

de l'Orphelin, de parler pour eux, de chercher à leur être utile ? A la voir compatir à leurs peines, ne diroit-on pas qu'elle a éprouvé le malheur ? La commifération a tracé un jour fur fon vifage l'impreffion la plus forte des plus vifs fentimens qu'elle foit capable d'infpirer. Une femme défolée lui a fait voir ce que c'eft qu'une Mere fur le point de perdre un fils que la juftice humaine va immoler à la République. Et le Prince fon frere lui demandant le fujet de fa triftaffe : *Eh, je n'en ai point d'autre, lui dit-elle, en embraffant fes genoux, que ce qu'annonce ce bruit lugubre que vous entendez. Je ne puis vaincre la pitié dont la Mere du coupable m'a pénétrée : Qu'il foit renfermé le refte de fes jours ; mais qu'il vive, puifqu'il a une Mere fi défolée ; qu'il vive, fi vous m'aimez.*

Il vécut, MESSIEURS, ... Quel nouveau trait vient s'offrir ! Je ne faurois m'y refufer ; & quoique dans le même genre, il eft fait pour nous intéreffer plus particulierement. C'eft un Officier François, qu'un effet du malheur autant que de la vivacité, a rendu homicide à Lunéville. Abandonné à la rigueur de la Loi, il n'efpere de quitter fa Prifon, que pour aller à la mort. Non, il en fortira pour revenir parmi nous. Allez, heureux Prifonnier; votre infortune & la qualité de François vous ont donné une Libératrice. La Princeffe a obtenu votre grace. Publiez ce que vous lui devez, & fes fentimens pour la Nation.

Que penfez-vous, MESSIEURS, du cœur d'ELISABETH DE LORRAINE ? Avec des Ames moins débonnaires, peut-être, ces Monarques, les délices des Peuples fur qui ils régnoient, fe font rendus à jamais célébres par leurs bien-faits. Ce n'eft pas précifément l'importance de ce qu'ils ont opéré pour le bonheur des Nations, qui a fait le degré de leur bonté ; c'eft la mefure de ce qu'ils ont fenti. Mais, peu éclairés ou peu attentifs , nous confidérons dans les traits de Bonté, comme dans ceux des autres Vertus, leur éclat plus que leur prix , & nous prêtons aux actions la grandeur des circonftances qui les parent.

Je veux vous montrer la bonté de la Princeffe, s'exer-çant fur un autre théatre que la Cour de Lunéville, fur un théatre où elle partage une forte d'autorité fouveraine, où elle a des Sujets & un Peuple qui eft véritablement le fien.

Il eft dans la Lorraine-Allemande, fous le nom d'Ab-baye de Remiremont, une Inftitution d'une nature incon-nue parmi nous. Là, fans aucun des engagemens de la vie monaftique, & fous un joug dont on peut s'affranchir pour paffer à d'autres liens, une portion de la plus pure Nobleffe dans l'autre Sexe, immédiatement foumife au Vicaire de Jéfus-Chrift, vaque par état à la Priere publi-que, & au foin de l'Autel. L'Abbeffe revêtue de tout ce que la puiffance féculiere a de plus grand, en exerce ou en fait exercer en fon nom les Droits fuprêmes ; &, par une exception finguliere, mais facrée, des Loix généra-les, & la Balance, & l'Epée même font dans fes mains, avec la Croffe, & prefque avec l'Encenfoir.

C'eſt là que la Providence établit Elisabeth de Lorraine en qualité de Coadjutrice, en attendant de plus hautes deſtinées qu'elle lui prépare ; & c'eſt là que la Princeſſe, chargée preſqu'en entier du Gouvernement par l'Abbeſſe déja infirme, fait bénir le ſien ; que tout, juſqu'au commandement, prend comme l'empreinte de cette Bonté par où tout paſſe chez elle : Tant les bons cœurs ſavent adoucir l'autorité naturellement dure & auſtere !

Y eut-il quelqu'une de ſes Nobles inférieures qui ne trouvât en elle une véritable Mere, & ſi le terme étoit permis au reſpect, une tendre amie ? Quelle d'entr'elles ne reçût pas des marques de ſa bonté dans ſa perſonne, dans celle même de ſes Proches, quand il le falloit ? Quelle d'entr'elles oublîra jamais la douceur de ſon Gouvernement ? Peuple de Remiremont, vous conſerverez juſqu'à la mort le ſouvenir de ſes ſoins généreux, de ſes bienfaits continuels, de la diminution de vos Impôts accordée par elle à vos premieres ſupplications ; & vous vous rappellerez mille fois que vos Droits les plus litigieux, les plus incertains, triomphoient toujours des ſiens, dès que vous l'aviez pour Juge elle-même.

Entrerai-je dans un plus grand détail, Messieurs? Vous la repréſenterai-je comme la reconnoiſſance l'a gravée dans leurs cœurs, prenant ſoin de l'établiſſement de leurs Familles, s'intéreſſant dans leurs affaires, terminant leurs différends ; &, afin que rien ne manquât à tant de

bonté , y joignant cette noble fimplicité oppofée à l'orgueil faftueux de la Grandeur , & par là fi aimable dans
les Grands en qui on la trouve.

Et véritablement , Messieurs , qu'y a-t-il de plus
aimable qu'une Vertu qui retranche de cette pompe , pour
le moins aufii propre à écarter leurs Inférieurs qu'à les
éblouir , tout ce que la bienféance de leur état n'exige
point abfolument ; & qui également faite pour bannir de
leurs difcours , de leurs manieres , de leur air , toute forte
d'affectation & de fafte , touche , attire les Petits , & leur
fait fubftituer le pur refpect à la place de l'étonnement &
de la crainte ?

Vous l'auriez vûe , (quel exemple pour un Siécle où
le luxe des Conditions même inférieures n'a point de bornes !) vous l'auriez vûe cette Princeffe , le fang de tant
de Souverains , dans fes voyages , dans fes féjours , à la
Campagne , à la Ville , à la Cour , avec une Suite peu
nombreufe , peu magnifique , vêtue elle-même dans un
goût de fimplicité également éloigné de la fingularité &
de l'éclat.

Vous l'auriez vûe , (quel exemple pour ces Grands
bien moins Grands qu'elle , qui croiroient fe dégrader en
fe communiquant aux Petits !) vous l'auriez vûe , fans
craindre de s'avilir , & fans s'avilir en effet , fe mettre , fi
j'ofe ici parler de la forte , à la portée de chacun ; parler à
chacun avec affabilité , mais , par un fentiment prompt des
convenances , qui n'eft donné qu'à un fens vif & délicat ,

leur donner à chacun la différente mesure d'attention, de considération qu'ils pouvoient attendre : Et dans tout cela, rien d'affecté, rien d'embarrassé, rien de contraint : Un discours facile & point recherché ; des manieres simples & nullement commandées ; un air noble & naturel qui n'ordonnoit point le respect, & qui l'inspiroit sans l'ordonner.

D'ailleurs, MESSIEURS, point d'altération dans sa façon de penser, d'agir. L'égalité d'esprit, si peu connue des Grands par l'espece de culte dont on honore leurs caprices, étoit comme la base de son caractere. L'Humeur, qui des Petits même fait des Tyrans à l'égard de plus Petits encore; l'Humeur, qu'on se pardonne d'autant plus aisément qu'on ne voit pas à quoi elle est capable de conduire; & qui, je le répete, respectée dans les Grands, doit être spécialement leur défaut, s'ils ne s'observent sans cesse ; l'Humeur ne la domina jamais. Nul dans son domestique ; & c'est sur-tout au sein de son foyer, qu'éloigné du Spectacle, moins en garde sur soi, on est en prise au caprice ; nul n'eut à essuyer de bisarrerie, d'inégalité fâcheuse de sa part. Ils versent des larmes, rien ne les console d'avoir perdu en elle, non-seulement la bonne Maîtresse, la Maîtresse facile & indulgente, la Maîtresse bienfaisante, mais la Maîtresse sans humeur.

Un caractere si accompli de tout point dans une jeune Princesse, pouvoit-il ne pas réveiller l'attention, & être long-tems inconnu de la Renommée ? Un Roi, d'autant

plus

plus capable de fentir le mérite de la Vertu, qu'il en eft lui-même un rare exemple ; un Roi grand par une valeur qu'il n'a pû tenir captive en entendant tonner la Guerre fi proche de fes Etats, plus grand par l'efprit de Sageffe & de Juftice qui le conduit, par le don du difcernement & de l'entiere confiance en qui la mérite toute entiere ; un Roi enfin gouvernant les fiens, comme nous gouverne l'Augufte Monarque qui lui rend fi bien fes fentimens ré- ciproques d'eftime ; un tel Roi touché de ce que la Re- nommée lui a raconté de la Princeffe, demande fa main. Déja les nœuds de leur union prochaine font formés. Il faut *qu'elle oublie fon Peuple & la Maifon de fon Pere* ; & il *Pfal. 44. 11.* me femble entendre le Monarque empreffé l'appeller de loin : *Venez, régnez fur mon cœur, & partagez ma Couronne. Veni, Sponfa, coronaberis.*   *Cant. 4. 8.*

Elle part. Mais pourquoi le Char où elle eft affife eft-il arrêté au milieu de Lunéville ? *Quare moratur Currus ?* Ah, *Judic. 5. 28.* MESSIEURS ! Quel fpectacle ! Etoit-il vraiment auffi beau, malgré fon éclat, celui qu'au prix de tant de dan- gers vouloient donner les Héros & de Rome, & de la Grece ? Qu'ont-ils fouhaité plus ardemment, ces fiers Vainqueurs, que de paroître fur un Char de Triomphe dans leur Capitale, entourés d'une foule de Captifs ? Ici s'offre un objet plus digne de l'attention de la Raifon faine & éclairée ; des cœurs vivement attendris, au lieu de Pri- fonniers chargés de fers, une multitude preffée de Ci- toyens qui femblent vouloir faire de leurs corps une bar-

riere pour arrêter les pas d'une Princesse qu'ils adorent ; &
qui, séduits par leur amour & par leur douleur, se flattent
de l'arracher peut-être à la foi de ses engagemens, en lui
disant d'une voix tendre & plaintive : *Voyez couler nos pleurs,*
& que la considération de l'abattement où nous sommes vous re-
tienne.

C'est à quoi l'amour du Peuple de Lunéville le porta au
départ d'ELISABETH DE LORRAINE. O Rois ! O vous,
Psal. 148.11. Juges nés de la Terre, *Principes & omnes Judices Terræ* !
puissiez-vous tous en être instruits, réfléchir, & sentir ce
que c'est pour vous que d'être aimés.

La Princesse ambitionna de bonne heure cet avantage :
mais elle l'obtint, moins parce qu'elle en étoit jalouse,
que parce qu'elle en étoit digne. Joindre au mérite d'une
sagesse reconnue un caractere parfait de bonté, d'égalité,
de vérité, de modestie ; voilà le chemin de tous les cœurs ;
voilà ce que ne sauroient suppléer, ni l'ambition la plus
vive de les gagner, ni les égards de la politesse, ni les
graces : Et les bonnes qualités sont pour les Princes comme pour les autres hommes, & peut-être encore plus que
pour les autres hommes, le seul moyen d'être aimés. Nous
avons vû à quel point ELISABETH DE LORRAINE les
avoit toutes reçûes de la Nature. Il est tems de voir à quel
point les perfectionna & les consacra en elle la Religion,
Seconde Partie de son Eloge.

SECONDE PARTIE.

AVOUONS-LE à la gloire de la Piété. Quelques heu-
reuſes diſpoſitions que les Princes ayent apportées
en naiſſant pour pratiquer la Vertu, ils ne ſauroient, non
plus que les autres hommes, être parfaitement vertueux
aux yeux du monde lui-même par les ſeuls dons de la Nature ; &, quoiqu'en diſe notre orgueil, telle eſt la miſere
de l'humanité, que les devoirs dont on s'acquitte ſans le
ſecours de la Religion, on les remplit preſque toujours
aux dépens de quelques autres. Qu'a-t-il fait, ce Philo-   Marc-Aurele.
ſophe ſur le Trône, ce Prince le plus accompli de tous
ceux du Paganiſme ? Qu'a-t-il fait, que laiſſer à la poſté-
rité l'exemple d'une vie non-exemte de tout reproche ?
Mais que Dieu met dans les ſiens des vertus d'une bien autre étendue comme d'un autre ordre ! Et que l'Auguſte Princeſſe dont je parle nous en a fourni récemment une preuve bien marquée ! La Religion, qui ſeule perfectionne &
éléve la Nature, fit de ce cœur jaloux de la gloire de ſes
mœurs, un cœur ſéverement attentif à tout ce qui pouvoit
lui en aſſurer l'innocence ; de ce cœur droit, un cœur al-
lant à Dieu dans la ſincérité & la vérité ; de ce cœur bon,
un cœur plein d'une charité ardente pour les Pauvres de
Jeſus-Chriſt ; de ce cœur modeſte, un cœur pénétré des
ſentimens d'une humilité profonde ; de ce cœur égal,
un cœur ferme & tranquille aux approches de la mort. Je
ſuis ici rendu à toute la ſainteté de mon miniſtere : Ce

font les fruits de votre Grace, ô mon Dieu! qui vont m'occuper; & c'eft par-là que, pleinement fatisfait, je publîrai des louanges dignes d'une Reine Chrétienne, dignes d'un Auditoire Chrétien.

L'Augufte Princeffe, toute faite qu'elle étoit pour être un grand modelle de cette vertu qui fut dans le Paganifme même la gloire de celles de fon fexe, eut donc, pour l'être, de plus puiffans fecours encore que fes fages inclinations. La Piété *étoit*, pour ainfi dire, *née avec elle*, auffi-bien que l'amour du devoir févere; *& le Seigneur, fon Dieu, la prévint de fes bénédictions* dans l'ordre de la Grace, comme dans celui de la Nature. Si la Lorraine la cita de bonne heure aux jeunes perfonnes, comme un illuftre exemple de réferve, de conduite circonfpecte & éloignée de la plus légere diffipation, c'étoit fur-tout à vous, falutaires pratiques de la Piété, à vous, faintes maximes de la Prudence Chrétienne, que l'honneur en étoit dû. Mais je me hâte de la repréfenter fur le Trône, pour la propofer à fon Sexe comme un modelle plus augufte & plus éclatant. Elle eft dans le Piedmont ce qu'elle a été dans la Lorraine; ou plûtôt, fa piété, fa vigilance fur elle-même, redoublent, à la vûe de fes nouvelles grandeurs & des piéges toujours tendus autour du Trône. Je la vois dans cette Cour plus choifie, plus brillante encore que célébre, plus polie encore que nombreufe, plus décente encore que jaloufe de fon éclat, mais toujours enfin une Cour, fe ménager par fon recueillement intérieur une forte de retraite juſqu'au milieu des fêtes & des plaiſirs où la bienſéance du Rang ſuprême la demande; joindre inviolablement chaque jour à l'aſſiſtance aux ſacrés Myſtéres des heures de ſolitude & d'oraiſon; fidelle aux pratiques générales de Pénitence qu'impoſe l'Egliſe, y en ajouter beaucoup d'autres plus pénibles; ſe nourrir fréquemment de la chair de l'Agneau ſans tâche, le ſoûtien & des foibles & des forts; entendre aſſidûment, mais jamais aſſez à ſon gré, la Divine Parole; & laiſſer voir, ſans y penſer, par ſa ſatisfaction dans le ſaint Temple, qu'elle eſt où ſe porte toujours ſon cœur,

Accoutumés à voir de pareils exemples dans l'Epouſe de notre Auguſte Monarque, nous ne ſentons pas aſſez tout le prix de ce que nous louons. Que les ſujets continuels d'édification dont la France eſt redevable à ſa Reine, ne nuiſent point en quelque ſorte à l'Eloge de celle qu'a perdue la Sardaigne; & que l'habitude d'être témoins de la piété de l'une, ne prenne rien en nous ſur ce qui eſt dû d'admiration aux grands exemples de l'autre.

C'eſt ainſi que Dieu préſente de tems en tems, ſur le Trône, des modéles pour les Peuples; afin que tous puiſſent voir dans cette place ſi élevée & plus en vûe, ce qu'ils doivent pratiquer; & qu'au lieu de s'attacher à conſiderer des Grandeurs dont l'éclat peut les ſéduire, ils contemplent des Vertus qui les édifient & qui les touchent.

Eh ! quel ſiécle eut jamais plus beſoin de ces auguſtes exemples, que ce ſiécle malheureux, où, pour me ſervir du langage de l'Ecriture, on semble dire à Dieu : *Retirez-vous de nous ; nous ne voulons pas connoître vos voyes. Qui est le Tout-Puissant pour nous obliger à le servir, & quel bien nous en reviendra-t'il quand nous le prierons ? Saisissons le présent ; hâtons-nous de joüir des plaisirs pendant nos beaux jours ; couronnons-nous de fleurs avant qu'elles se flétrissent ; & que nul ne se dispense de prendre part à notre joye. ....* Aveugles ! vous ne voyez donc pas l'affreux avenir qui vous attend, quand vous êtes si éloignés de penser comme l'Auguste Reine, dont la piété fait la condamnation de vos maximes !

Du reste, ne vous figurez pas, MESSIEURS, une piété sombre & chagrine. La sienne, pleine de douceur, de gayeté même quand il le falloit, en lui attirant le respect, ne fit jamais redouter sa présence. C'est que la source n'en étoit ni équivoque, ni défectueuse ; c'est qu'uniquement conduite par sa Religion, elle alloit à Dieu, l'admirable Princesse, dans la sincérité & la vérité ; & faisons-y attention, MESSIEURS, pour notre instruction & pour sa gloire.

C'est cette piété vraye & sincére qui de bonne heure lui ouvrant les yeux sur la vanité des Grandeurs, en avoit détaché son cœur, en sorte que malgré toute son estime pour le Prince destiné à avoir sa main, elle se seroit refusée à l'éclat d'une Couronne, s'il n'avoit fallu suivre des desseins que sa soumission à une autorité respectable lui faisoit regarder comme un ordre de Dieu même. C'est cette piété fincére qui, à la mort du meilleur des Peres, d'un Frere tendrement aimé, foumettant abfolument aux Décrets d'en Haut fes vives douleurs, la porta à aller dans l'inftant même au pied des Autels fe rejetter plus que jamais dans le fein de Dieu, où elle ne verfa plus que de douces larmes. C'eft cette piété fincére qui la rendoit fi attentive à n'admettre à fon commerce que des cœurs vertueux, & à fon fervice que des Domeftiques marchans, comme ceux du Roy Prophete, *dans la voyé* Pfal. 110. 6. *droite & innocente.* C'eft cette piété fincére qui, fidelle au refpect du Sacerdoce, lui faifoit honorer ce fublime caractere dans les Miniftres même peu dignes de leurs fonctions, & empêcher en fa préfence toute raillerie injurieufe à leur perfonne. C'eft cette piété fincére qui, lorfqu'on parloit devant elle de quelque jeune & tendre victime de la mort, lui arrachoit des paroles de jaloufie fur le bonheur de fortir à cet âge de ce Monde infidéle & corrompu. Enfin, c'eft cette piété fincére qui, par un effort inconnu à la piété fauffe ou équivoque, la rendoit fupérieure au reffentiment, & ne lui permit jamais de répondre aux torts les plus marqués où l'on pouvoit être à fon égard, que par des offres de fervice.

Ce ne font pas ici, MESSIEURS, des vertus éclatantes aux yeux de l'orgueil humain. Je l'ai d'abord annoncé, j'aime à le redire encore, que tel eft le mérite de mon fujet, d'être fait pour édifier, non pour féduire. Une Princeffe douée de toutes les qualités néceffaires aux Princesses, & qui les ramene toutes à leur principe, & va au Divin Maître *dans la droiture & la simplicité de son cœur ;* voilà ce que je vous présente avec transport. Dans tous les traits de sa vie offerts à mes regards par les mains les plus respectables & les plus sûres, vous n'eussiez pû ne pas remarquer ce caractere. Qu'importe qu'il n'ait pas de quoi tant étonner l'imagination, s'il n'en est pas moins solide ; que dis-je ? s'il n'en justifie que mieux peut-être la sincérité & la vérité de sa vertu. Souvent l'affectation du merveilleux est l'ame de la Piété qui a un air frappant de merveille ; & l'amour propre habile à profiter de tout, sçait se cacher sous l'éclat attrayant du sublime & de l'extraordinaire.

La Princesse songe moins à faire des choses grandes, que des choses bonnes. Ce n'est point par un fastueux raffinement de piété, qu'elle tend à Dieu, mais par des œuvres ordinaires animées de son esprit, & sur tout par l'accomplissement de ses devoirs uniquement rapportés à lui. Voyez ce qu'elle devoit faire à Lunvéille, à Remiremont, à Turin ; & vous y trouverez l'histoire de ce qu'elle a fait dans des vûes supérieures de Religion. En vertu de ces sublimes principes, encore plus qu'au gré de son heureux naturel, Fille aussi respectueuse que tendre, manqua-t'elle jamais, en rien même de léger, à ceux à qui elle devoit le jour ? Depuis qu'elle eut été placée sur le Trône de Sardaigne, quelles marques d'amour filial, de respect, n'eut-elle pas soin que son Auguste Mere reçût

fans

fans ceffe d'elle, malgré l'abfence? Et vous Prince fon Le Grand Duc.
Frere, vous Princeffe fa Sœur, tous deux, par des méri- La Princeffe
Charlotte.
tes différens, dignes de fes fentimens pour vous, quel
modéle chrétien ne trouvâtes-vous pas en elle d'une amitié, d'une conduite vraiment fraternelle? Coadjutrice de
Remiremont, elle fe regarde comme comptable au fouverain Juge, de la part qu'elle a au Gouvernement; &
fes foins vigilans & fon exemple affurent l'obfervance
exacte de la Régle. Princeffe; tous les devoirs de fon
Rang font confacrés par la Religion : elle n'en veut omet-
tre aucun, pas même aucun de ceux de la fociété qu'elle
regarde comme une nombreufe Famille dont Dieu eft le
Pere. Maîtreffe dans fon Domeftique, elle remplit en
digne Servante de Jefus-Chrift toutes les obligations de
vigilance, d'attention religieufe impofées aux Maîtres.
Enfin, unie à un Roy, elle voit en lui, mais avec cet œil
que le Chriftianifme donne, l'Epoux, le Monarque : dou-
ble motif d'attachement & de foumiffion. Elle lui rend
conftamment dans les Enfans que lui ont donné fes deux
précédens Mariages, & fpécialement dans l'Héritier pré-
fomptif de fa Couronne, tout ce qu'il peut attendre d'elle
de tendreffe, d'égards pour eux; & quoiqu'elle ait, comme la Femme accomplie dont parle l'Ecriture, *toute la* *Prov.* 31, 11.
confiance de fon Epoux méritée à tant de titres; fidelle à fa
Religion qui la renferme dans l'accompliffement de fes
devoirs, elle ne cherche point à fe prévaloir de l'avantage, à entrer dans des myftéres de Gouvernement étran-

D

gers à la condition d'une Reine que sa qualité d'Epouse rend la premiere Sujete du Souverain. Seulement, quand la chose n'excede pas les bornes de modération chrétienne qu'elle s'est prescrites, elle cede aux prieres de Familles indigentes qui la conjurent de parler au Roy en leur faveur, *loquere pro nobis ad Regem ;* car le Pauvre, MESSIEURS, le Pauvre est dans son cœur avec toutes ses miseres : la Religion perfectionnant en elle la Nature, transforma de bonne heure sa bonté en charité infinie pour les Membres de Jesus-Christ.

Ici, MESSIEURS, s'offrent les traits de sa vie les plus touchans ; & je les saisis avec une ardeur nouvelle. Beni soit mille fois *celui de qui vient tout don parfait*, des sentimens de cette ame si libérale pour les Malheureux. J'aime sans doute à la voir prendre soin de la décoration des saints Autels , & envoyer, n'a guere, à une Eglise une Offrande digne de sa Piété & de sa Magnificence : mais je m'attache à la voir ouvrir ses mains à l'Indigent , & tendre les bras au Pauvre, *manum suam aperuit inopi , & palmas suas extendit ad pauperem.* Qui me donnera de vous tracer d'une maniere assez vive l'Histoire abrégée de ses infinies charités ? ou plûtôt que ne peuvent à ma place vous les raconter tant d'infortunés dont elle a soulagé la misére ? Je ne puis tout au plus que leur prêter ici ma foible voix, & vous les entendriez eux-mêmes. Ils vous diroient avec une simplicité touchante les maux qu'ils éprouvoient, les secours qu'ils ont reçûs ; & ils pénétreroient vos cœurs en finissant par s'écrier que la mort leur a enlevé leur Mere.

Je ne songe point à épuiser le récit des œuvres de l'Auguste Reine en ce genre ; & il me suffit de l'idée générale que je dois vous en donner. Sans rappeller ses Aumônes régulieres pour la subsistance du Pauvre qui l'est comme par état & par le malheur de sa naissance, ce sont de jeunes personnes dont elle met à couvert dans d'heureux & saints asiles la vertu trop exposée ailleurs aux tentations de l'Indigence. Ce sont des Familles à qui la honte ôte l'unique ressource des Misérables , que ses bienfaits vont chercher. Ce sont des Maisons chancelantes de Cénobites & de Vierges Chrétiennes , qu'elle soutient. Ce sont des Enfans pauvres à qui elle ouvre l'entrée aux Ecoles , en se chargeant de la récompense des Maîtres. Ce sont des Orphelins qu'elle dérobe pour toujours à la misére , & à l'oisiveté pire que la misére même, en les faisant instruire dans quelque Art utile à la Société. Ce sont des Habitans ruinés des Campagnes qu'elle nourrit , & à qui elle donne de quoi tenter de nouveau la fécondité de la Terre. Ce sont des Infortunés livrés à la maladie & au besoin , qui reçoivent & ses aumônes, & les secours de l'art qu'elle a soin de leur procurer.

Et c'est peu pour elle que d'assister les Misérables ; elle ne craint pas de les aller consoler dans ces lieux, triste demeure de l'infirmité & de la douleur. En vain lui représente-t-on , un jour, qu'au péril de sa santé elle approche

de trop près d'un Malade , *j'aime les Pauvres , répond-elle,
j'aime les Pauvres & les Malades.* Paroles admirables ! On
en tranfmet tant d'autres moins belles aux Siécles futurs !
Oh ! que ne font gravées celles-ci en caracteres ineffaça-
bles fur l'Airain ou fur le Marbre ? *Quis det ut fcribantur
ftyloferreo , vel celte fculpantur in filice.* Pour vous , Seigneur,
vous les avez écrites dans votre Livre de Vie ; & quand,
Juge des Rois comme des Sujets , vous appellerez votre
Servante à votre Tribunal fuprême , vous vous fouvien-
drez de ces paroles , *j'aime les Pauvres & les Malades.*

 J'oubliois de vous dire , Messieurs , qu'entre ces Pauvres qu'elle aimoit tant , la Nobleffe indigente avoit une
place particuliere. Et quelle preuve n'en donna-t-elle pas
fur-tout , lorfqu'à force d'avoir écouté fa charité, ne pou-
vant la fatisfaire à l'égard d'un noble Indigent qui lui ra-
contoit fa peine, elle ôta une de fes Pierres précieufes ,
avec ordre à un de fes Officiers de la vendre dans le mo-
ment ; lorfque cet Officier , ayant reçû du Roy fon Maître , qu'il en avertit en fecret , une fomme digne d'un
Monarque charitable & généreux , & l'ayant portée à la
Reine , comme le prix de ce qu'elle lui avoit remis , elle
fit appeller auffi-tôt l'Infortuné refpectable , ... *Monfieur ,
voilà le produit de notre vente. Je vous le donne avec un furcroît
de plaifir , puifqu'il paffe de beaucoup mon efpérance.*

 Ne penfez pas , Messieurs , que les autres charités
dont je vous ai parlé , foient celles d'Elisabeth , feulement depuis fon Avénement à la Couronne de Sardai-

gne : la Lorraine lui en avoit déja vû faire une partie. Elle y employoit les fonds deſtinés à ſes innocens plaiſirs ; & quand cette ſouree avoit tari, elle contractoit des dettes domeſtiques pour y ſuppléer ; & quand ce moyen lui étoit devenu impraticable, elle abandonnoit ſes plus riches vêtemens à la Charité ingénieuſe à en faire ſon profit ; & elle s'applaudiſſoit de ce nouveau genre de commerce ; *& vidit quia bona eſt negociatio ejus* ; & quand enfin toutes ces reſſources lui manquoient, il lui reſtoit du moins des pleurs : elle trouvoit une ſorte de douceur à en donner à des miſéres qu'elle n'avoit plus la conſolation de ſoula-ger. Larmes précieuſes, la honte & la condamnation de ces Riches dont le cœur n'a rien d'humain, mais plus glo-rieuſes à cette Mere des Pauvres, que les ſecours qu'ils en recevoient tant qu'elle leur pouvoit être utile. Tant qu'elle leur pouvoit être utile ! Et ne le fut-elle pas tou-jours ? Au défaut des ſecours temporels, elle leur en four-nit d'une autre nature. Elle pourvoit elle-même à leurs beſoins ſpirituels, autant qu'elle le peut ſans s'inge-rer dans les Fonctions ſaintes. Quoi, elle-même ? Oui, Messieurs ; & on l'a cent fois vûe au milieu d'une troupe de jeunes Perſonnes de ſon Sexe, auſſi négligées qu'obſ-cures, qu'elle inſtruiſoit, qu'elle interrogeoit ſur les Elé-mens de la Doctrine Chrétienne. Qu'une pareille Cour autour d'elle offroit à la Religion un beau ſpectacle ! Qu'eſt-ce que ce profane & fabuleux aſſemblage de Ris, de Jeux, & de Graces que la flatterie imagine autour des

Prov. 31. 18.

jeunes Princesses? ELISABETH DE LORRAINE est là
d'autant plus digne de nos respects, qu'elle y présente,
dans la fleur de l'âge, la Grandeur sous une autre face,
je veux dire la Grandeur sérieusement, chrétiennement
occupée, & s'abaissant par ardeur de zéle jusqu'aux plus
petits.

Et c'étoit sans effort que la Princesse descendoit ainsi
de son haut Rang. Ce cœur, naturellement modeste, étoit
de plus pénétré des sentimens de l'Humilité Chrétienne.

L'Humilité Chrétienne, MESSIEURS, infiniment su-
périeure à la simple Modestie naturelle, met l'ame dans
des dispositions bien plus parfaites; & au lieu que celle-
ci se borne à tempérer l'éclat de la Grandeur, celle-là en
anéantit l'idée dans l'esprit des Grands; que dis-je? les
anéantit eux-mêmes aux yeux d'eux-mêmes. ELISABETH,
pendant que tout retentissoit de ses louanges, ne vouloit
voir en elle que les miséres de l'Humanité. Dans les mo-
mens les moins propres à la réfléxion, & à un genre de
réfléxion qui attaque la vaine gloire; dans ces circonstan-
ces si flatteuses pour la vanité, où tout conspire à persua-
der aux Princes qu'ils sont des Divinités ici-bas, l'Humilité lui parloit au fond du cœur; & son langage la péné-
troit des sentimens les plus mortifians pour l'amour propre, qu'elle soit capable d'inspirer. Suivons-la dans son
Oratoire, où, au sortir des Cérémonies publiques, elle
dit à Dieu, comme faisoit autrefois Esther, Vous sçavez,
Seigneur, la nécessité où je me trouve de recevoir des

hommages dans lesquelles je me complais si peu : *Tu* Esther. 14. 16.
scis necessitatem meam ; & que , graces à vous , je sens com-
bien je dois séparer ma personne de mon élévation tem-
porelle ; Reine , il est vrai , sur la Terre , mais indigne Servante du Roi des Rois.

Il faut sur-tout la voir les jours *de sa participation à la* 1. Cor. 10. 21;
Table Sainte. Quel air sensible d'anéantissement intérieur !
Jamais le vif sentiment de l'immense disproportion de la
Créature à son Créateur , produisit-il au dehors des im-
pressions plus fortes & plus frappantes ?

Dois-je vous dire qu'elle porte l'humilité jusqu'à en
venir à des sortes d'excuses à l'égard des personnes atta-
chées à son service , après la moindre parole tant soit peu
mortifiante qu'elles se soient attirées de sa part ? Oui , je
vous le dirai à sa gloire, parce qu'en s'abaissant, elle savoit
ne pas dégrader la dignité ; & que les Princes , assurés,
comme ils le sont, du respect, par l'éclat de la Grandeur,
peuvent suivre impunément les sentimens humbles qu'ins-
pire la Religion à ses vrais Eléves.

Aussi l'auguste Princesse , loin d'en être moins respectée des siens , voit pour elle dans les cœurs un respect d'u-
ne espéce particuliere séparée de ce qui est dû à la Ma-
jesté ; & vous sentez qu'elle ne le remarque pas sans peine.
C'est du soin d'en empêcher l'accroissement , que vient en
elle cette attention à dérober aux yeux de sa Cour ses pratiques journalieres de piété. Vous demandez à paroître
devant elle : On vous cache (tels sont ses ordres) qu'on

la va chercher au piéd des Autels, d'où revenue fécrete-
ment, elle fe montre avec un air d'accueil propre à cou-
vrir le myftere de fon Oraifon interrompue. Ignore-t-elle
l'obligation impofée fur-tout aux Grands, d'édifier le pro-
chain par des œuvres qui lui foient connues ? Vous ne le
penfez pas, fans doute. Mais, accordant deux préceptes
contraires en apparence, & compatibles en effet, elle fait,
en ce qui eft de perfection, *cacher*, felon l'efprit de l'E-
vangile, *à fa main gauche ce que fait fa droite.* En un mot,
elle affure fon humilité en fe défiant de l'amour propre;
car le craindre, c'eft en triompher.

Matth. 6. 3.

En vain pourtant, vouliez-vous échapper, Augufte
Reine, à la folide gloire d'une telle vie. Grands & Petits,
tous pleins de la plus haute idée de vos vertus, les admi-
rent, les publient. Le Peuple, à votre afpect, court avec
des paroles de bénédiction à la bouche, vous offrir l'hom-
mage empreffé de fa profonde vénération; & au lieu qu'il
a accoutumé de promettre aux Princes le fecours de fes
prieres, vous l'entendez vous demander celui des vôtres,
& vous dire, comme difoient à Judith les Habitans de Bé-
thulie : Nous vous fupplions de prier pour nous, *Ergo ora*
pro nobis, quoniam Mulier fancta es.

Judith. 8. 29.

Rendons, MESSIEURS, à la Religion fainte ce qui lui
eft dû. Il n'eft donné qu'aux cœurs qu'elle anime parfaitement, de s'attirer cette eftime finguliere & fans réferve; & les qualités naturelles quelqu'heureufes, quelque
grandes qu'elles foient dans l'ame la mieux née, ne lui en
fauroient

ſauroient tant aſſurer. ELISABETH DE LORRAINE, comme l'Héroïne de Juda , fut abſolument honorée, ré- vérée de tous, parce qu'elle eut , comme elle , une grande crainte du Seigneur. *Hæc erat in omnibus famoſiſſima , quo-* *niam timebat Dominum valdè.*   Judith. 8. 8.

Quelle Princeſſe je viens de peindre ! Le portrait eſt-il exactement fidelle ? Et dans ſon éloge confié à ma foible voix , mon zéle n'a-t-il pas pû me ſéduire ? Interrogez , MESSIEURS , d'illuſtres Perſonnes qui vivent parmi vous , & que l'honneur d'avoir aſſez long-tems vécu avec elle met en état de vous répondre ; & jugez après ſi les traits dont je l'ai peinte ſont flattés. Je l'avourai , quelque reſ- pectable que l'eût rendue la Renommée, peut-être n'euſſai- je oſé en avoir une idée ſi complete , convaincu qu'il eſt trop rare de trouver la perfection dans des perſonnes mê- me très-dignes d'eſtime. Mais le moyen de n'en pas croire des inſtructions authentiques, où la Vérité, par tout la mê- me , a mis une conformité entiere ſous différentes plumes & en différens Pays ; toutes annonçant d'abord , & fai- ſant voir en effet un caractere accompli , un modéle de Vertu , ont préparé , réglé le plan de ce Diſcours : Et à peine eut-il été poſſible de vous préſenter mon ſujet ſous une autre face. Heureux l'Orateur Chrétien qui , chargé de la fonction que j'exerce , a la même conſolation ; & à qui , en lui fourniſſant des lieux même témoins de la vérité , les preuves des idées auſquelles on l'a fixé, on a dit , à l'envi les uns des autres : *La matiere n'eſt pas épuiſée.*

E

Sap. 4. 12. *Parlez ; & sur ce caractére, & sur ce fonds de Vertu, ne craignez pas d'en trop dire.*

Plus heureuse encore la Nation qui, comme nous, Messieurs, voit sur le Trône de son Roi une telle Reine. Hélas! Vous ne deviez pas long-tems jouir de ce bonheur, Peuple éploré, dont les vives douleurs nous attendrissent. L'exemple est donné à la Terre. Elisabeth, moins pour la sûreté de sa vertu contre *l'enchantement de la Bagatelle*, que pour prix *d'une longue course fournie en peu de tems*, va disparoître à vos yeux ; & cette fleur, le sujet de votre joye, sera enlevée comme un fruit déja mûr avant *Isaï. 28. 4.* son automne : *Erit flos exultationis ejus quasi temporaneum antè maturitatem autumni.*

Frappée d'une maladie particuliere au Piémont, & que l'art n'y a pû toutefois connoître encore, la Princesse se sent mourir ; le Trône fond sous ses piéds : Tant de Grandeurs s'évanouissent ; tant de jours si flatteurs qu'elle sem*1. Reg. 15. 32.* bloit pouvoir se promettre, ne luiront point . . . . *Siccine separat amara Mors ?* Ce n'est pas elle qui le dit. Il nous échape de le dire, à nous que notre attachement à la Terre contriste sur le sort de qui est moissonné au sein de la pompe humaine & des plaisirs. Peu touchée de tout ce que l'œil de la Vanité voit ici bas de plus beau, elle le quitte sans peine. Mais il est dans son cœur un Epoux auguste qui lui a pleinement donné le sien, des enfans l'espérance de sa tendresse & de l'Etat, un Peuple qu'elle aime autant qu'elle en est aimée ; & la séparation d'objets si chers livre le plus rude combat à son ame. Succombera-t-elle à ses peines? Non ; la Religion fera de ce cœur, dont l'égalité est si connue, un cœur tranquille aux approches de la mort, & elle pourra rendre graces à Dieu avec le Prophéte, de lui accorder des consolations proportionnées à ses douleurs : *Secundùm multitudinem dolorum meorum in corde meo consolationes tuæ lætificaverunt animam meam.* Déja elle s'est munie du pain vivifiant qu'elle a demandé avec un empressement digne de la vivacité de sa foy ; déja elle a reçû l'onction sainte ; & elle sent une nouvelle force pour soutenir les séparations les plus cruelles. Venez recevoir ses adieux, vous, son Epoux & son Roi. Voyez-la *joindre un courage mâle avec la tendresse d'une femme* ; & voyez l'objet de votre douleur appliqué à vous consoler. Paroissez avec le premier fruit de son sein, Prince héritier présomptif d'une brillante Couronne. Ne craignez pas pour elle une trop vive émotion des entrailles maternelles à l'aspect de ce tendre enfant. *La Sagesse lui a aussi donné la force de vaincre son amour pour son fils.* Mais elle croit devoir vous demander qu'il trouve en vous les sentimens qu'elle a eus à votre égard, & que vous en usiez envers son sang, comme elle en a usé envers vous-même : *Fac misericordiam cum domo meâ juxtà misericordiam quam feci tibi.* Et vous, maison désolée de cette Auguste Princesse, recevez les dernieres marques de sa bonté, & n'oubliez pas les grandes leçons qu'elle vous donne.

C'en est fait. Ses devoirs d'Epouse, de Mere, de Maî-

Psal. 93. 19

2. Mac. 7. 21.

Sapien. 10. 5

Genes. 24. 12.
Idem. 21. 23.

E ij

treſſe ſont remplis. Que tout ce qui l'environne diſpa-
roiſſe. Qu'uniquement occupée des penſées de l'Eternité,
il ne reſte plus à ſes yeux que Dieu, & elle; Dieu qui la
va juger, & elle qui s'apprête à paroître devant ſon Tribunal Suprême; Dieu qui *lui conſerva toujours ſa miſéricorde,*
& elle qui eſpere en lui, & qui ne ſera point confondue.

Voilà, MESSIEURS, dans quelles diſpoſitions ſaintes a
expiré, pour prix d'une ſainte vie, une Princeſſe, à la fleur
de l'âge, parmi les hommages d'un Peuple qui l'adoroit,
& les eſpérances les mieux fondées en apparence, de longs
jours & de ſatisfactions durables. Mais voilà donc auſſi à quoi
ſe terminent tant de Grandeurs dont la vûe nous éblouit!
A un tombeau! A un bruit paſſager de louanges! A une
pompe funébre qui, malgré tout le zéle qu'on peut avoir
pour leur mémoire, eſt moins une décoration à leur honneur, qu'un magnifique trophée de la Mort.

Filii hominum .... ut quid diligitis vanitatem. Le Monde,
avec tout l'éclat de ſes honneurs, vous paroît-il bien ſédui-
ſant dans ce point de vûe? Le Trône, d'où l'Auguſte Reine
a paſſé dans le Cercueil, n'eſt-il pas comme un touchant
monument de la vanité des plus brillans d'ici-bas? N'eſt-
ce pas pour honorer la mémoire de la Princeſſe dont elle
y a depuis rempli la place, que vous avez été aſſemblés la
derniere fois par une ſemblable Cérémonie? Et cette Princeſſe n'avoit-elle pas été précédée d'une autre Epouſe
dont les jours ne furent pas plus longs?

Ce ſont toutes ces conſidérations enſemble qui ont fait

déscendre de son Trône le désolé Monarque, pour aller quelque tems, au fond d'une retraite sacrée, réfléchir à loisir sur la vanité des Grandeurs Humaines, & se préparer par des pensées vraiment chrétiennes à mériter de rejoindre un jour ses Epouses dans le sein de Dieu, qui seul l'afflige & qui seul peut le consoler. Ne songeons pas ici à ce que nous devons attendre des nœuds de son alliance avec nous, resserrés de nouveau par les dispositions d'un cœur auquel *le Roi des Rois* a parlé dans la retraite. Dieu exécutera ses Décrets éternels sur les Etats. Déja *les Vaisseaux de Tharse ont été brisés*; & tout prépare, ou des succès, ou l'espérance d'une paix plus stable : Mais songeons, ce qui nous intéresse encore plus, à profiter en Chrétiens du spectacle de cette triste Cérémonie, & à imiter des Vertus que nous venons d'honorer, mieux honorées lorsqu'elles seront pratiquées.

Nous avons lieu de présumer que la Princesse a reçû sa récompense. Si toutefois quelque légere imperfection échapée à l'infirmité humaine retardoit son bonheur, que ne peut point *le Sang* adorable *de l'Agneau* qui va être offert pour elle *au Dieu Vivant ?*

Psal. 47. 8.

F I N.

PRIVILEGE DU ROY.

LOUIS, par la grace de Dieu, Roi de France & de Navarre : A nos amés & feaux Conseillers les Gens tenans nos Cours de Parlement, Maîtres des Requestes ordinaires de notre Hôtel, Grand Conseil, Prevôt de Paris, Baillifs, Sénéchaux, leurs Lieutenans Civils & autres nos Justiciers qu'il appartiendra, SALUT. Notre bien amé PIERRE PRAULT pere, Libraire & Imprimeur de nos Fermes & Droits à Paris, Nous ayant fait remontrer qu'il souhaiteroit continuer à réimprimer, ou faire réimprimer *le meilleur Livre, ou les meilleures Etrennes que l'on puisse donner ou recevoir*; & d'imprimer ou faire imprimer *les Panégyriques des Saints, avec des Réflexions sur les Panégyriques, par le Sieur Abbé Seguy*; *Vie affective de Jesus, en forme d'actions de graces & de Prieres, par le Sieur de Baujeu*, s'il Nous plaisoit lui accorder nos Lettres de continuation, tant pour la réimpression que pour l'impression desdits Ouvrages ci-dessus spécifiés; offrant pour cet effet de les réimprimer & imprimer en bon papier & beaux caracteres, suivant la feüille imprimée & attachée pour modele sous le Contre-scel des Présentes. A CES CAUSES, voulant traiter favorablement ledit Exposant, Nous lui avons permis & permettons par ces Présentes, de réimprimer ou faire réimprimer *le meilleur Livre, ou les meilleures Etrennes que l'on puisse donner ou recevoir*, & d'imprimer ou faire imprimer *les Panégyriques des Saints, avec des Réflexions sur lesdits Panégyriques, par le Sieur Abbé Seguy*; *Vie affective de Jesus, en forme d'actions de graces & de Prieres, par le Sieur de Baujeu*, en un ou plusieurs volumes, conjointement ou séparément, & autant de fois que bon lui semblera, sur papier & caracteres conformes à ladite feüille imprimée & attachée sous notredit contrescel; & de les vendre, faire vendre & débiter par tout notre Royaume, pendant le tems de *six* années consécutives, à compter du jour de l'expiration du précédent Privilege * *des meilleures Etrennes*. Faisons défenses à toutes sortes de personnes de quelque qualité & condition qu'elles soient, d'en introduire d'impressions étrangeres dans aucun lieu de notre obéissance; comme aussi à tous Imprimeurs, Libraires & autres, d'imprimer, faire imprimer, vendre, faire vendre, débiter, ni contrefaire aucuns desdits Livres ci-dessus exposés, en tout, ni en partie, ni d'en faire aucuns Extraits sous quelque prétexte que ce soit d'augmentation, changement de titre, même en feüilles séparées, ou autrement, sans la permission expresse & par écrit dudit Exposant, ou de ceux qui auront droit de lui, à peine de confiscation des Exemplaires contrefaits, de six mille livres d'amende contre chacun des contrevenans, dont un tiers à Nous, un tiers à l'Hôtel-Dieu de Paris, l'autre tiers audit Exposant, & de tous dépens, dommages & interêts; à la charge que ces Présentes seront enregistrées tout au long sur le Registre de la Communauté des Imprimeurs & Libraires de Paris, dans trois mois de la datte d'icelles; que l'impression de ces Livres sera faite dans notre Royaume & non ailleurs; & que l'Impétrant se conformera en tout aux Reglemens de la Librairie, & notamment à celui du 10 Avril 1725. Et qu'avant que de les exposer en vente, les Manuscrits ou Imprimés qui auront servi de copie à l'impression desdits Livres, seront remis dans le même état où les Approbations y auront été données, ès mains de notre très-cher & féal Chevalier, Garde des Sceaux de France, le Sieur Chauvelin; & qu'il en sera ensuite remis deux Exemplaires de chacun dans notre Bibliotheque publique, un dans celle de notre Château du Louvre, & un dans celle de notredit très-cher & féal Chevalier, Garde des Sceaux de France, le Sieur Chauvelin; le tout à peine de nullité des Présentes. Du contenu desquelles vous mandons & enjoignons de faire joüir l'Exposant ou ses ayans cause, pleinement & paisiblement, sans souffrir qu'il leur soit fait aucun trouble ou empêchement. Voulons que la Copie desdites Présentes, qui sera imprimée tout au long au commencement ou à la fin desdits Livres, soit tenuë pour düement signifiée, & qu'aux Copies collationnées par l'un de nos amez & feaux Conseillers & Sécretaires, foi soit ajoûtée comme à l'original; Commandons au premier notre Huissier ou Sergent de faire pour l'exécution d'icelles, tous Actes requis & nécessaires, sans demander autre permission, & nonobstant clameur de Haro, Charte Normande & Lettres à ce contraires : CAR tel est notre plaisir. DONNE' à Versailles, le vingt-septiéme jour du mois d'Août, l'an de grace mil sept cent trente-cinq, & de notre Régne le vingtiéme. Par le Roi en son Conseil.
Signé, SAINSON.

Registré sur le Registre IX. de la Chambre Royale & Syndicale de la Librairie & Imprimerie de Paris, N°. 164. Folio 159. conformément aux anciens Réglemens, confirmés par celui du 28 Fevrier 1723. & par celui du Septembre 1735. Signé, G. MARTIN, *Syndic.*

* *Nota.* Que le Privilege des Meilleures Etrennes, n'expirera qu'au mois de Decembre 1741.

On vend chez le même Libraire les autres Ouvrages de l'Auteur.

www.ingramcontent.com/pod-product-compliance
Lightning Source LLC
Chambersburg PA
CBHW061320050726
47594CB00004B/1821